In neuer Rechtschreibung
Gedruckt auf chlorfrei gebleichtem Papier

Genehmigte Lizenzausgabe für Nelson Verlag, Hamburg, Postfach 500380
© 2007 arsEdition GmbH, München
Alle Rechte vorbehalten.
Printed in Germany
Text: Maja von Vogel
Titelbild und Innenillustrationen: Dorothea Tust
Grafik: art-design Wolfrath

ISBN 978-3-86885-090-1
Printed in Germany

www.nelson-verlag.de

Maja von Vogel

Geschichten vom Ponyhof

mit Bildern von Dorothea Tust

Inhalt

Laras Traumpony   4

Laras erste Reitstunde   14

Vorsicht, Diebe!   24

Eine aufregende Nacht   36

Leselotse Test   44

Laras Traumpony

Lara findet Pferde toll.
Am liebsten hätte sie
ein eigenes Pferd,
aber Mama und Papa
sind dagegen.

Doch zum Glück
gibt es ja Bodo.
Bodo ist ein Pony.
Lara kommt jeden Tag
auf dem Schulweg
an seiner Koppel vorbei.
Dann bleibt sie kurz stehen
und sieht Bodo an.
Bodo hat eine seidige Mähne
und sein Fell
ist so
braun
wie
Schokolade.

„Hallo, Bodo!", ruft Lara,
aber Bodo reagiert nicht.
Er steht unter einem Baum
und frisst Gras.
Bodo ist sehr schüchtern.
Doch Lara gibt nicht auf.
Bodo muss sich bestimmt
erst an sie gewöhnen.

Mittags setzt sie sich
neben die Koppel ins Gras
und erzählt Bodo
von der Schule.
Bodo spitzt die Ohren.
„Heute durften wir malen",
sagt Lara
und holt ein Bild heraus.
„Schau mal, das bist du!"
Bodo hebt den Kopf,
doch er kommt nicht näher.

Am nächsten Tag steht Bodo
wieder unter seinem Baum.
Lara legt einen Apfel
an den Koppelzaun.

„Der ist für dich, Bodo", sagt sie.
Bodo reckt den Hals,
aber er bewegt sich
nicht vom Fleck.

Als Lara von der Schule kommt,
ist der Apfel verschwunden.
„Hat es dir geschmeckt?",
fragt Lara.
Bodo schnaubt.
Dann kommt er
langsam näher,
bis er direkt
am Zaun steht.

Lara hält den Atem an.
„Hallo", flüstert sie. „Da bist du ja."
Vorsichtig hebt sie die Hand
und streicht über Bodos Mähne.
Sie fühlt sich seidig und glatt an.

„Sind wir jetzt Freunde?",
fragt Lara.
Bodo sieht sie ruhig an
und bläst seinen warmen Atem
in Laras Gesicht.
Lara lacht.
„Das heißt ja, oder?"
Da kommt eine Frau über die
Koppel.
Lara zieht schnell ihre Hand weg.
Ob die Frau böse ist,
weil sie Bodo
gestreichelt hat?

Doch die Frau lächelt freundlich.
„Hast du dich
mit Hans angefreundet?"
Lara nickt.
„Aber ich nenne ihn Bodo."
Die Frau lacht.
„Bodo, nicht schlecht!
Ich heiße Karin und wohne
auf dem Reiterhof.
Komm doch mal vorbei,
dann kannst du auf Hans reiten."
Lara strahlt. „Gerne!"

Als sie nach Hause läuft,
könnte sie vor Glück platzen.
Ein Besuch auf dem Reiterhof
ist fast so toll
wie ein eigenes Pferd!

Laras erste Reitstunde

„Herzlich willkommen
auf dem Reiterhof", sagt Karin.
Lara sieht sich neugierig um.
Neben dem Haus ist der Stall.
Und dahinter liegt die Koppel,
auf der die Pferde grasen.

Lara entdeckt Hans,
ihr Lieblingspony.
Hans hebt den Kopf
und wiehert ihr zu.

„Hallo, Hans!", ruft Lara.
Sie kann es kaum erwarten,
auf Hans zu reiten.

Da kommt ein Mädchen
aus dem Haus.
Es trägt Reitstiefel
und ist etwas älter als Lara.
„Das ist Marie, meine Tochter",
sagt Karin.

Marie reicht Lara
eine Reitkappe.
„Bist du schon mal geritten?",
fragt sie.
Lara schüttelt den Kopf.
„Dann nimmst du am besten Ria,
die ist total lieb", sagt Marie.
„Ich reite auf Hans."

Lara schluckt.

Sie wollte doch auf Hans reiten!

Aber da geht Karin

schon zur Koppel

und holt ein schwarzes Pferd.

„Das ist Ria", sagt sie

und hebt Lara

auf Rias Rücken.

Ria ist viel größer als Hans.
Als Lara nach unten sieht,
wird ihr schwindelig.
Der Boden ist so weit weg!
„Keine Panik", sagt Karin.
„Ich halte Ria fest."
Marie sitzt schon lange auf Hans
und trabt über den Reitplatz.
„Wo bleibt ihr denn?", ruft sie.

Karin führt Ria zum Reitplatz.
Lara hält sich krampfhaft
an Rias Mähne fest.
Hoffentlich fällt sie nicht runter!
Ihr Herz klopft wie verrückt
und ihre Hände sind eiskalt.

„Du siehst aus wie ein Mehlsack!",
ruft Marie und lacht.
Lara steigen Tränen
in die Augen.
So hat sie sich
ihre erste Reitstunde
nicht vorgestellt!

Da kommt Marie angetrabt.
„He, was ist los?", fragt sie.
„Das war doch nur ein Witz!"

„Ich kann nicht Reiten lernen",
schluchzt Lara.
„Warum denn nicht?", fragt Marie.
„Weil ich solche Angst habe",
gibt Lara zu.
Marie lacht. „Quatsch!
Jeder kann Reiten lernen.
Ich hatte am Anfang auch Angst,
das gibt sich mit der Zeit."

„Ehrlich?", fragt Lara.

Karin nickt. „Keine Sorge,

du wirst eine prima Reiterin."

„Willst du nachher eine Runde

auf Hans drehen?", fragt Marie.

„Au ja!" Lara lächelt.

Plötzlich ist ihre Angst

ein Stück kleiner geworden.

Jetzt macht ihr Reiten

richtig Spaß!

Vorsicht, Diebe!

Lara und Marie helfen
beim Stallausmisten.
„Zur Belohnung
gibt es Pfannkuchen
mit Apfelkompott", sagt Karin.
„Lecker!", ruft Marie.
Auch Lara freut sich.

Aber in der Küche erwartet sie
eine böse Überraschung.
„Na, so was!", ruft Karin.
„Wo sind die Äpfel geblieben?"
Die Obstschale
auf dem Fensterbrett ist leer.
„Habt ihr die Äpfel gegessen?",
fragt Karin streng.
Lara und Marie schütteln die Köpfe.
„Seid ihr sicher?", fragt Karin.
„Na klar!", ruft Marie.
„Wir sind doch keine Apfeldiebe!"

„Ich fahre jetzt ins Dorf
und kaufe neue Äpfel", sagt Karin
und geht aus der Küche.
„Karin glaubt uns nicht", sagt Lara.
Marie nickt. „Wir müssen unbedingt
den wahren Apfeldieb finden.
Fragt sich nur, wie."
Marie und Lara überlegen.

Plötzlich hat Lara eine Idee.
„Wir stellen dem Dieb eine Falle!",
ruft sie.
„Und womit?", fragt Marie.
Lara geht zum Küchenschrank
und holt eine Möhre heraus.
„Damit! Wer Äpfel mag,
der mag bestimmt auch Möhren."
Marie grinst.
„Prima Idee!"

Lara legt die Möhre
auf das Fensterbrett.
Dann verstecken sich die Mädchen
unter dem Küchentisch.
Sie lassen die Möhre
nicht aus den Augen.
Sie warten und warten,
aber nichts passiert.
Marie gähnt. „Ist das langweilig!"
„Pst", macht Lara. „Sieh mal!"

Ein schwarzer, strubbeliger Kopf
erscheint am Fenster.
Eine feuchte Nase schnuppert
und dann verschwindet die Möhre
zwischen zwei weichen Lippen.
„Na, so was!",
ruft Marie.
„Rosa ist
der Apfeldieb!"

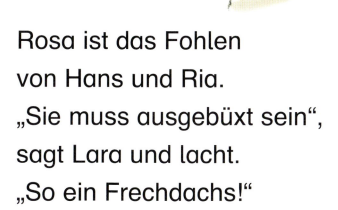

Rosa ist das Fohlen
von Hans und Ria.
„Sie muss ausgebüxt sein",
sagt Lara und lacht.
„So ein Frechdachs!"

Marie und Lara bringen Rosa
zurück zur Koppel.
Da kommt Karin vom Einkaufen
aus dem Dorf zurück.
„Der Fall ist gelöst!", ruft Marie.
„Rosa hat die Äpfel gemopst."
Karin schüttelt den Kopf.
„Das gibt's doch nicht!
Und ich habe euch verdächtigt!
Tut mir leid."

Sie schwenkt die Apfeltüte.
„Dafür bekommt ihr gleich
eine extragroße Portion
Pfannkuchen mit Apfelkompott."
„Juhu!", jubeln Lara und Marie
und tanzen vor Freude.

Eine aufregende Nacht

Heute Nacht dürfen Lara und
Marie auf der Koppel zelten.
Ganz allein!
„Habt ihr genug warme Decken?",
fragt Karin.
Marie nickt. „Alles paletti."
„Na dann, gute Nacht, ihr zwei",
sagt Karin und geht ins Haus.

Marie und Lara
spielen Pferdequartett,
bis es dunkel wird.
Dann setzen sie sich ins Zelt
und knipsen die Taschenlampe an.
Sie essen Schokolade
und trinken heißen Kakao
aus der Thermoskanne.
„Wir haben es richtig nett",
sagt Lara und Marie nickt.

Da flackert die Taschenlampe und das Licht geht aus.
Plötzlich ist es stockdunkel.
„Mist!", schimpft Lara.
„Wo sind die Ersatzbatterien?"
„Pst", flüstert Marie. „Sei leise! Da war gerade ein Geräusch!"

Lara lauscht.

Jetzt hört sie es auch.

Schritte!

Ganz nah beim Zelt!

Laras Herz klopft
wie verrückt.

Wer kann das sein?

„Vielleicht ist es ja
ein Pferdedieb",
flüstert Marie ängstlich.
Ein dunkler Schatten
gleitet über die Zeltplane.

Lara schluckt.
Sie muss etwas tun!
Leise krabbelt sie zum
Zelteingang und
streckt den Kopf hinaus.
Der Mond wirft silbernes Licht
auf die Koppel.
Lara hält den Atem an.

Da taucht eine große Gestalt
vor dem Zelt auf
und schnaubt Lara ins Gesicht.
Lara lacht los.
„Hans!", ruft sie erleichtert.
„Hast du uns erschreckt!"
Das Pony wiehert
und trabt davon.

Da leuchtet die Taschenlampe auf.
Marie hat die Batterien gefunden.
„Gut, dass es kein Pferdedieb war",
sagt Marie und kichert.
„Stell dir vor, wir hatten Angst
vor einem Pony!"

Lara muss auch lachen.
„Das bleibt unser Geheimnis,
okay?"
Marie nickt. „Großes Ehrenwort!"
Dann kuscheln sie sich
unter ihre Decken
und sind sofort eingeschlafen.

Leselotse Test

Haben Dir die Geschichten gefallen? Dann kannst Du sicher alle Fragen richtig beantworten.

1. Was hat Lara in der Schule gemalt?
☐ Ihre Familie
☒ Bodo

2. Warum hat Lara Angst davor, auf Ria zu reiten?
☐ Weil Ria viel größer ist als Hans.
☐ Weil Ria mit den Hufen ausschlägt.

3. Was möchte Karin zur Belohnung kochen?
- ☐ Pfannkuchen mit Apfelkompott
- ☐ Vanillepudding mit Sahne

4. Was spielen Lara und Marie abends im Zelt?
- ☐ Mensch ärgere dich nicht
- ☐ Pferdequartett

5. Warum fürchten sich Lara und Marie nachts im Zelt?
- ☐ Weil ein Gewitter kommt.
- ☐ Weil sie draußen Geräusche hören.

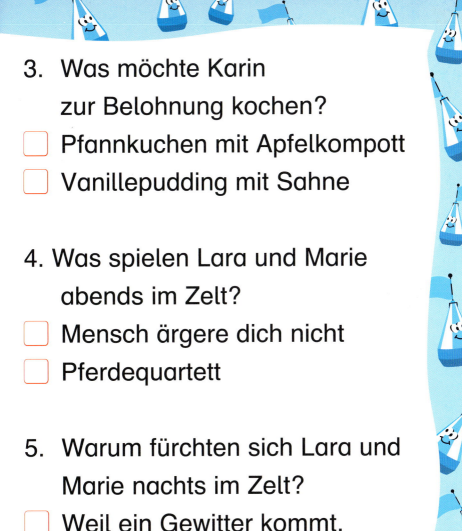

Lösungen: 1. Ein Bild von Bodo, 2. Ria ist viel größer als Hans, 3. Pfannkuchen mit Apfelkompott, 4. Pferdequartett, 5. Sie hören draußen Geräusche.